Strategische Unternehmensführung, Change Management und Strategieimplementierung. Bodo Müllers Plan für den Wandel der Medizintechnik AG

Michael Lehmann

Bibliografische Information der Deutschen Nationalbibliothek:

Die Deutsche Nationalbibliothek verzeichnet diese Publikation in der Deutschen Nationalbibliografie; detaillierte bibliografische Daten sind im Internet über http://dnb.d-nb.de abrufbar.

ISBN: 9783346761996
Dieses Buch ist auch als E-Book erhältlich.

© GRIN Publishing GmbH
Nymphenburger Straße 86
80636 München

Druck und Bindung: Books on Demand GmbH, Norderstedt Germany
Gedruckt auf säurefreiem Papier aus verantwortungsvollen Quellen

Das vorliegende Werk wurde sorgfältig erarbeitet. Dennoch übernehmen Autoren und Verlag für die Richtigkeit von Angaben, Hinweisen, Links und Ratschlägen sowie eventuelle Druckfehler keine Haftung.

Das Buch bei GRIN: https://www.grin.com/document/1297829

Deutsche Hochschule für
Prävention und Gesundheitsmanagement
Hermann-Neuberger-Sportschule 3
66123 Saarbrücken

Hausarbeit

Name, Vorname	Lehmann, Michael
Studiengang	MBA Sport-/ Gesundheitsmanagement
Studienmodul	Strategisches Management 2
Datum Präsenzphase (siehe Ergebnisdokumentation)	21.06.2021 bis 24.06.2021
Aufgabe	Strategische Unternehmensführung, Change Management, Strategieimplementierung

Inhaltsverzeichnis

1 Bodo Müllers Plan

1.1 Gründe für Wandel

Aufgrund der niedrigen staatlichen Finanzierung der Krankenhäuser werden bestehende Geräte eher gehalten anstatt in Neue investiert. Diskussionen über Gesundheitsreformen führen ebenso zu einer Zurückhaltung von Investitionen. Darüber hinaus lässt sich in den letzten Jahren ein Wandel in des Kaufverhaltens und der Entscheidungsfindung bei der Anschaffung von medizinischen Geräten feststellen. Während bis vor ein paar Jahren noch die Krankenhausärzte entschieden haben, welches medizinische Gerät benötigt wird, wird dieser Aufgabenprozess nun vermehrt von der Krankenhausadministration und Einkaufsabteilung übernommen. Dabei wird vor allem auf den ökonomischen Aspekt Wert gelegt. Weitere Gründe sind neben dem niedrigen BIP-Wachstum und einem geringen Bevölkerungswachstum sowie das ohnehin schon hohe Ausgabenniveau im Segment medizinische Geräte.

1.2 Aspekte des Strategiewandels

Die Intention von Bodo Müller war die Sensibilisierung und Überzeugung der sieben Marketing Vizepräsidenten (VP's) einen kleinen Anteil ihres Budgets in C-Level-Marketing zu investieren. Auf dem vierteljährlichen Treffen des Marketings-Bords, präsentierte er seine Fakten. Mit Grafiken und Tabellen veranschaulichte er neben den Herausforderungen seiner C-Level Kunden (Bsp. „CEO" oder „CIO"), den Mangel an Zusatznutzen und Informationen, welche seine Firma diesen Kunden bisher nicht liefern konnte. Außerdem wurde die Einführung eines kleinen Geschäftsbereichs übergreifendes Projekt geplant, welches Ideen zu C-Level Marketing in Deutschland umfassen sollten. Es wurden zudem Einladungen zu einem Kick-off-Meeting versendet.

1.3 Barrieren und Widerstände

Für die VP's hat das Projekt im Moment keinen hohen Stellenwert. Aufgrund einer Kostensenkungsalternative und einer damit verbundenen Kürzung des Marketingbudgets sind die einzelnen VP's mehr auf ihre eigenen Abteilungen fixiert.

Ein weiterer Widerstand könnte die Angst vor einem Arbeitsplatzverlustes sein. Da Bodo Müllers vorgeschlagenes C-Level-Marketing alle Produktlinien zusammenfassen würde, wären Einsparungen im Personalbereich möglich. Da die Gesundheits- und Medizintechnik AG mit ihrer bisherigen Marketingstrategie gut gefahren ist und als Global Player in der Branche angesehen wird, wird ein Strategiewandel von dem Personal evtl. erst gar nicht in Betracht gezogen.

Abschließend könnte selbst bei einem vollzogenen Strategiewandel der Fall eintreten, dass Bodo Müller mit seiner Annahme einer Veränderung des deutschen Marktes falsch legen würde und somit das Unternehmen und die Mitarbeiter Verlust machen würden.

2 Change Management

2.1 Gründe für Scheitern

Tabelle 1 Das 8-Stufen-Modell von Kotter (Reisinger, Gattringer, & Strehl, 2013, S. 190)

Gründe für das Scheitern		Veränderungen meistern
Zu viel Selbstgefälligkeit	Stufe 1	Wecken sie Gefühl der Dringlichkeit
Fehlt eine ausreichend starke Erneuerungs-/ Führungskosten	Stufe 2	Stellen sie ein starkes Leistungsteam zusammen
Die Kraft der Vision wird unterschätzt	Stufe 3	Entwickeln sie eine starke Zielvorstellung und eine Strategie für die Veränderung
Mangelnde Kommunikation der Vision	Stufe 4	Kommunizieren Sie ihre Vision, werben Sie um Verständnis und Akzeptanz
Zulassen, dass Hindernisse die neue Vision blockieren	Stufe 5	Sichern sie Handlungsfreiräume, befähigen Sie Mitarbeiter auf breiter Basis
Die Unfähigkeit, schnelle Erfolge zu erzielen	Stufe 6	Sorgen Sie für schnelle Erfolge
Zu früh den Sieg erklären	Stufe 7	Lassen Sie nicht nach, leiten Sie weitere Veränderungen ein
Kultur bleibt unverändert	Stufe 8	Entwickeln und verändern Sie eine neue Kultur (Verhaltensweisen)

Bei Stufe 2 gelingt es Bodo Müller nicht ein starkes Leistungsteam zusammen zu stellen. Er bildet zwar eine Arbeitsgruppe, allerdings melden sich die Teilnehmer nicht selber. Eine klare Zielvorstellung soll bei Stufe 3 geschaffen werden. Diese fehlte allerdings bei Herr Müller. Es wurden lediglich Fakten, Herausforderungen und Mängel vorgestellt. Es wurde ebenso wenig auf eine neue Vision eingegangen. Bei Stufe 4 sollte die Vision kommuniziert werden. Bodo Müller kann nur das Verständnis der Mitarbeiter gewinnen allerdings nicht die Akzeptanz. Stufe 5 ist der Schritt wo Mitarbeiter auf breiter Basis befähigt werden sollten. Da nur die Vertreter angesprochen wurden und daraus die Rückmeldungen zu gering waren konnten die letzten drei Stufen nicht mehr stattfinden und das Projekt ist dementsprechend gescheitert.

2.2 Veränderungen meistern

Gefühl der Dringlichkeit für eine bedeutende Chance wecken.
Man sollte den Mitarbeitern bewusst machen, dass Anpassungen ständig notwendig sind. Diese müssen stets nach den größten erkennbaren Chancen ausgerichtet werden. Da Dringlichkeit in der obersten Hierarchieebene entsteht, ist es notwendig dass die Führungskräfte Themen kommuniziert und an die Mitarbeiter vermitteln. Permanente Hervorheben von Dringlichkeit kann laut Untersuchungen von Kotter ein Wettbewerbsvorteil entsteht, eine Freiwilligenarmee zustande kommt und das duale Betriebssystem am Laufen gehalten werden (Kotter, 2015). Bodo Müller hätte den Vorstand miteinbeziehen müssen und die möglichen Konsequenzen erläutern sollen. Neben fakten und Zahlen wäre die Überzeugung auf der emotionalen Ebene wichtig gewesen. Der Strategiewandels hätte gelingen können, wenn die Führungsetage die Dringlichkeit an die Mitarbeiter vermittelt hätte.

Aufbau und Pflege einer lenkenden Koalition.
Die lenkende Koalition des Strategienetzwerkes sollte aus freiwilligen Unternehmensmitarbeitern bestehen und neben Vertretern aus jeder Hierarchiestufe auch Führungskräfte und Manager beinhalten. (Kotter, 2015, S. 89). Auf den Fall bezogen bedeutet dies, dass die Arbeitsgruppe emotional überzeugt hätte sollen und so neben den Vertretern auf Arbeitsebene auch die Führungspersönlichkeiten miteinbezogen hätten sollen. So wäre die Dringlichkeit des Wandels auch nochmal betont werden können.

Formulierung einer strategischen Vision und Entwicklung von Change-Initiativen.
Eine Vision sollte verständlich, einfach vermittelt, emotional ansprechend und strategisch intelligent sein. Für den angestrebten Erfolg dient sie als Leitbild. Bodo Müller hätte von Anfang an eine klare Vision formulieren müssen, welche mit der aktuellen Unternehmensvision verbunden werden kann.

Kommunikation der Vision und der Strategie, um Unterstützung und Freiwillige zu gewinnen. Eine mit Leben gefüllte Vision und Strategie, welche ehrlich und ausdrücklich vermittelt wird, kann überzeugend sein und zu der gewünschten Armee von freiwilligen führen (Kotter, 2015, S. 90). Hier hätte die Führungsebene eingebunden werden sollen, der die VP's überzeugen hätte können um Motivationsprobleme vorzubeugen.

Beseitigung von Hindernissen, um ein rasches Vorankommen zu ermöglichen.
Ein auftauchendes Problem sollte möglichst schnell bearbeitet werden. Bodo Müller hätte mögliche Probleme und Hindernisse direkt bei der Präsentation ansprechen und beseitigen müssen. So waren die Mitarbeiter von den Hindernissen wie Budget und Zeitaufwand möglicherweise überfordert.

Zu den nächsten Schritten ist es gar nicht gekommen. Trotzdem werden die letzten drei Schritte im Folgenden kurz erläutert.
Zelebrieren von schnellen, bedeutenden Erfolgen.
Offensichtliche und eindeutige Erfolge sind wichtig um die Motivation der Mitarbeiter aufrecht zu erhalten. Ebenso sollten diese gefeiert werden. Bei ausbleibenden Erfolgen muss die Umsetzungsstrategie überdacht werden (Kotter, 2015, S. 91).
Nicht nachlassen, stets weiter lernen und nicht zu früh den Sieg ausrufen.
Unternehmen müssen ständig am Ball bleiben und neues schaffen, um die Wettbewerbsposition zu verbessern (Kotter, 2015, S. 91). Die Marktentwicklung hätte weiter beobachtet und auf Änderung reagiert werden. Außerdem hätte Bodo Müller sich mit den ersten positiven Reaktionen nicht zufrieden geben sollen und weiter an seiner Strategie arbeiten sollen.
Institutionalisierung des strategischen Wandels in der Unternehmenskultur.
Die Eingliederung in die Unternehmenskultur ist notwendig, damit der strategische Wandel auch Einzug in die tägliche Unternehmensarbeit erhält (Kotter, 2015, S. 91).

3 Strategieimplementierung

3.1 Durchsetzung

1. Vermittlung der Strategie

Für eine erfolgreiche Strategieimplementierung reicht ein Topmanagement nicht aus. Alle Mitarbeiter, auch außerhalb der Zentrale, müssen die Strategie verinnerlichen und auf den Erfolg hinarbeiten (Kaplan, Horváth, & Norton, 2001). Ziel ist also die Akzeptanz der Mitarbeiter zu gewinnen. Durch kontinuierliche Vorstellungen einer klaren Vision sowie, sachlichen Fakten und eine emotionale Überzeugung könnte dies Bodo Müller gelingen.

2. Einweisung und Schulung

Anhand von entsprechenden Lern- und Forschungsprozessen in der Phase der Einweisung und Schulung können Ungewissheiten und Unsicherheiten abgebaut werden. Dadurch kann von den Mitarbeitern als auch von den Führungskräften angepasste Entscheidungsmuster und Handlungen gefördert werden (Welge & Al-Laham, 2012, S. 808). Das C-Level-Marketing soll in diesem Fallbeispiel eingeführt werden. Um den Mitarbeiter den Umgang und das Fachwissen mit „C-Level" beizubringen wird ein Experte benötigt, der sich in diesem Gebiet gut auskennt.

3. Schaffung eines strategiebezogenen Konsenses

Bei einer Strategieimplementierung werden in den meisten Fällen die bestehenden Machtstrukturen in dem betreffendem Unternehmen verändert. Dadurch können Konflikte zwischen Beteiligten der gleichen oder vor- bzw. nachgelagerten Hierarchieebene auftreten (Welge & Al-Laham, 2012, S. 809). Deshalb wird ein Konfliktmanagement notwendig. Bodo Müller und sein Team könnten damit Konflikte schnell lösen und auch einen positiven Nutzen daraus erzielen.

3.2 Umsetzung

Folgende Aufgaben müssen in der Phase der Umsetzung durchgeführt werden (Bamberger & Wrona, 2012).

1. Transformation strategischer Entscheidungen bzw. Pläne in konkreten Situationen

2. Anpassung von Managementsystemen, Organisationsstrukturen und –prozessen, der Unternehmenskultur sowie des Personals und des Führungskräftepotenzials an die formulierten Strategien

3. Motivation und Mobilisierung der Mitarbeiter sowie die Zusicherung der Unterstützung durch Akteure, die durch die Strategien betroffen sind.

Im ersten Teil, der Transformation, werden klar definierte Maßnahmen festgelegt. Dazu zählen vor allem die Kosten und Ressourcenschätzung, die Festlegung von Verantwortlichkeiten, die Konkretisierung von Anfangs- und Endzeitpunkten und die Formulierung nach Inhalt, Ausmaß und Zeit definierter Ziele. Um einen Gesamtüberblick über das Strategieprojekt zu bekommen, werden die Aktionspläne nach Priorität und Fristen in einen Metaplan zusammengefasst (Haake & Seiler, 2012, S. 129-138). Um einen Mehraufwand bei Mitarbeitern zu vermeiden, hätte Bodo Müller eine eigene Abteilung bilden sollen, die sich mit C-Level Marketing beschäftigt. Zudem wäre eine externe Führungskraft, welche sich mit dem Thema auskennt, eine hilfreiche Option gewesen.

Bei der Anpassung geht es um die Ausgestaltung der Organisationsstruktur, Unternehmenskultur und Managementsysteme (Behnam, Gilbert, & Kreikebaum, 2011). Außerdem wird hier eine Veränderung der Menschen, also der Mitarbeiter und Führungskräfte angestrebt. Im Rahmen der Organisationsstruktur sollte neben den Organigrammen auch die dazugehörigen Rollenbeschreibungen definiert werden (Venzin, Rasner, & Mahnke, 2010). Die aktuelle Marketingstrategie mit den sieben Unternehmenseinheiten sollte geändert und neu strukturiert werden, damit das C-Level Marketing gelingt.

Da es bei der Umsetzung zu Rückschlägen kommen kann, welche die Motivation des Teams drücken kann, ist bei dem dritten Schritt die Motivation und Mobilisation der Mitarbeiter von großer Bedeutung (Haake & Seiler, 2012, S. 125). Dabei spielt vor allem die Führungsarbeit eine entscheidende Rolle. Es hat sich außerdem gezeigt, dass die Intervention und Partizipation die erfolgreichsten Implementierungstaktiken sind um Mitarbeiter zu motivieren (Raps, 2004, S. 37).

4   Balanced Scorecard

4.1   Ursache-Wirkungskette

Die Balanced Scorecard ist ein strategisches Managementsystem. Es bildet für verschiedene Managementprozesse einen Handlungsrahmen für die Setzung von Zielen, Kommunikation und Umsetzung von Strategien, Planung und Budgetierung, Gestaltung von Anreizsystemen oder die Kontrolle (Bamberger & Wrona, 2012, S. 382). Die Unternehmensvision und die zugrundeliegenden Strategien bilden die Basis der Balanced Scorecard (BSC) (Müller-Stewens & Lechner, 2011, S. 598). In diesem Fallbeispiel möchte Bodo Müller die Marketingstrategie anpassen. Die Firma soll das erfolgreichste c-Level Marketing besitzen. Dieser Teil wird zu der eigentlichen Vision, dass in jeden Krankenhaus und in jeder Praxis ein Gerät der gesundheits- und Medizintechnik AG ist, beigefügt. Im nachfolgenden Schritt werden die perspektiven ausgewählt, die für die Strategierealisierung notwendig sind. Diese werden anschließend als Ursache-Wirkungskette aufgebaut (Kaplan & Norton, 2004, S. 9).

Zu Beginn sollte, damit keine Missverständnisse auftauchen, die kommunikationsperspektive berücksichtigt werden. Eine klare Weitergabe an Informationen ist der Grundstein für den weiteren Verlauf. Bei der Lern- und Entwicklungsperspektive geht es um die Förderung und Entwicklung des Klimas einer lernenden Organisation (Welge & Al-Laham, 2012, S. 832). Die Weiterbildung der beschäftigten bewirkt bessere oder neue Abläufe. Bei der anschließenden Geschäftsprozessperspektive wird die fachliche Kompetenz der Mitarbeiter im Marketingbereich geprüft. Prozessparameter die einen entscheidenden Einfluss auf die Bereitstellung von Dienstleistungen haben, werden identifiziert. Anschließend erfolgt bei der Kundenperspektive eine Darstellung der Strategie aus den Blickwinkel des Kunden. Durch das C-Level Marketing hebt sich die Firma Gesundheits- und Medizintechnik AG von der Konkurrenz ab und wird attraktiver für den Kunden (Venzin, Rasner, & Mahnke, 2010, S. 32). Mit dieser neuen Marketingstrategie soll die Stabilität des Unternehmens für die Zukunft gesichert werden. Der Firma gelingt so ein Umsatzwachstum und eine erhöhte Wirtschaftlichkeit (Venzin, Rasner, & Mahnke, 2010, S. 32).

4.2 Festlegung Ziele, Kennzahlen, Vorgaben und Maßnahmen

Im dritten Schritt der Entwicklung des BSC werden nun die Ziele, Kennzahlen, Vorgaben und Maßnahmen sowie die Budgetierung festgelegt und bestimmt (Welge & Al-Laham, 2012, S. 834).

Tabelle 2 Balanced Scorecard

Perspektive	Ziel	Kennzahl	Vorgabe	Maßnahme
Kommunikationsperspektive	Sehr gute Kommunikation zwischen den Ebenen	Informierte Führungskräfte und Mitarbeiter	Zufriedene Mitarbeiter durch Umfragen	Ein Team aus allen Ebenen (Führungskräfte und Mitarbeiter)
Lern- und Entwicklungsperspektive	Weiterbildung der Mitarbeiter	Freiwillige Zusagen der Mitarbeiter für neue Abteilung	100 Mitarbeiter	Vorbereitung Mitarbeiter emotional und fachlich
Geschäftsprozessperspektive	Einführung einer neuen Abteilung für C-Level Marketing	Bestimmte Anzahl an Mitarbeiter	Alle Plätze der Abteilung voll/ Auswahl vorhanden	Änderung Marketingstrategie, evtl. Bonus für Mitarbeiter
Kundenperspektive	Bessere Effizienz in den Krankenhäusern	Erhöhte/gleichleibende Zufriedenheit, Neue Kunden	Sehr gute Zufriedenheit	C-Level Marketing einführen
Finanzperspektive	Größerer Marktanteil	Marktanteil	Mind. 40% Marktanteil	Verbesserung der Effizienz bei Ansprechpartner in Krankenhäusern

5 Unternehmensethik

5.1 Praxisbeispiel

Volkswagen ist mit einem Umsatz von 282,7 Milliarden Euro der größte Autobauer der Welt (Jerzy, 2020). 2015 wurde allerdings mit dem Dieselskandal der größte Skandal in der Geschichte von VW aufgedeckt. Nachdem eine Studie des Forschungsinstituts International Council on Clean Transportation und der Universität West Virginia 2014 erhöhte Emissionswerte bei einigen Volkswagen-Modellen in den USA aufdecken, räumt Volkswagen am 3. September 2015 gegenüber der US-Umweltbehörde EPA die Manipulation der Abgaswerte ein. Allein in den USA sollen mehr als 480.000 Fahrzeuge betroffen sein. Am 20. September kündigt VW-Vorstandschef Martin Winterkorn eine umfassende Aufklärung an. Als 2 Tage später der Wert der Volkswagenaktie um fast 40% fällt, tritt Winterkorn am nächsten Tag nach weiteren Krisenrunden zurück. Am 15. Oktober ordnet das Kraftfahrt-Bundesamt die den Pflichtrückruf aller VW-Dieselautos mit Betrugs-Software an. In Deutschland sind alleine rund 2,5 Millionen Wagen betroffen, während in ganz Europa insgesamt 8,5 Millionen Wagen in die Werkstatt müssen.

In den folgenden Jahren kommt es zu weiteren Anhörungen verschiedener VW-Managern sowie Verurteilungen von Ingenieuren und Managern von Volkswagen in den USA. Auch führende Politiker in Deutschland wie Sigmar Gabriel und Peter Altmaier müssen im Untersuchungsausschuss aussagen. Außerdem einigt sich VW bezüglich Hunderter Zivilklagen in den USA auf einen Kompromiss. Es soll eine Entschädigung von über 16 Milliarden Dollar an Kunden, Behörden, Händler und US-Bundesstaaten gezahlt werden. Ebenso werden Entschädigungen an Kläger in verschiedenen Ländern gezahlt (NDR.de, 2020).

5.2 Unternehmenswerte

Volkswagen hat sieben Konzerngrundsätze (volkswagen-group-essentials, 2021)

1. Verantwortung. VW ist Teil der Gesellschaft und übernimmt soziale Verantwortung. VW achtet auf die Umweltverträglichkeit seiner Produkte und Prozesse und verbessert sie jeden Tag.

2. Aufrichtigkeit. VW tut das Richtige aus innerer Überzeugung auch wenn keiner hinsieht. VW hat keine Angst vor Hierarchie und sagt offen seine Meinung. Man hört einander zu und findet gemeinsam die beste Lösung.
3. Mut. VW ist mutig, innovativ, Erfinder, Macher, lässt los, denkt neu
4. Vielfalt. VW ist bunt, unterschiedlich, einzigartig und Teil des Ganzen. VW ist offen für andere Denkweisen, für neue Erfahrungen und Lösungen und man begegnet sich mit Respekt auf Augenhöhe.
5. Stolz. VW steht für nachhaltige Produkte und Qualität. Man leistet einen wichtigen Beitrag zum Unternehmenserfolg mit Leidenschaft, aus Überzeugung und wirkungsvoll. VW ist stolz auf das, was wir tun und wie wir es tun.
6. Zusammenhalt. VW arbeitet zusammen, vorbehaltlos, unkompliziert und weltweit. VW ist Brückenbauer, kein Schrankenwärter, gemeinsam unschlagbar und steht füreinander ein. Man ist ein Team.
7. Zuverlässigkeit. Auf VW kann man sich verlassen. Man tut was man sagt und sagt was man tut, ehrlich. Was VW verspricht wird gehalten. VW gewinnt das verlorene Vertrauen zurück.

5.3 Wertebruch

In Bezug auf den Abgasskandal hat VW gleich gegen mehrerer seiner Grundsätze verstoßen. Es wurde nicht auf die Umweltverträglichkeit geachtet sondern nur auf das Geld. Die Produkte wurden auch nicht verbessert sondern lediglich manipuliert um die Auflagen zu erfüllen. Durch das Verschweigen und versuchte Leugnen habe man sowohl die Zuverlässigkeit als auch der Aufrichtigkeit des Unternehmens geschadet. Neben dem zerstörten Vertrauensverhältnis zu den Kunden wurde auch das Vertrauen und die Zukunft der Mitarbeiter gefährdet. Der Zusammenhalt in der Firma ist nicht mehr gewährleistet und das Vertrauen in die Führungskräfte beschädigt.

5.4 Konsequenzen

Stakeholder, oder auch „Teilhaber" übersetzt, sind externe oder interne Personengruppen, welche ein finanzielles, ideelles oder wirtschaftliches Interesse an einem positiven Verlauf eines unternehmerischen Prozesses oder eines Projektes haben. Hierbei unterscheidet man zwischen internen und externen Anspruchsgruppen. Zu den internen Stake-holdern gehören unter anderem die Mitarbeiter und die Manager. Bei den externen Stake-holdern wird in diesem Praxisbeispiel auf die Kunden und den Staat eingegangen (BWLWissen.net).

Die Ex-Manager von Volkswagen müssen neben dem Rücktritt aus einer hoch angesehe-nen Stelle und dem Imageverlust nun auch Schadensersatzzahlungen an den Volkswagen leisten. Martin Winterkorn und drei weitere Ex-Topmanager müssen insgesamt knapp 288 Millionen Euro an den Konzern zahlen, von dem aber der Großteil von den Versi-cherungen übernommen wird (tagesschau.de, 2021).

Für die Mitarbeiter war der Abgasskandal ein Vertrauensbruch der Führungsebene und ein Handeln entgegen der Grundsätze des Unternehmens. Mögliche Folgen können das Abwandern qualifizierter Mitarbeiter, welche sich nicht mehr mit dem Unternehmen identifizieren, an die Konkurrenz sein. Außerdem hat VW mit diesem Skandal an Attrak-tivität für mögliche Arbeitnehmer verloren.

Die Konsequenzen für externe Stakeholder waren ebenfalls enorm. Weltweit waren 11 Millionen Fahrzeuge aus dem Gesamtkonzern Volkswagen von dem Skandal betroffen. Davon alleine 5 Millionen von der Marke VW (tagesschau.de, 2015). Dies hat auch einen Wertverlust des Diesel-PKW zur Folge. Es werden verschiedene Möglichkeiten von VW angeboten, allerdings müssen Verbraucher eigenständig handeln um die Kosten nicht sel-ber tragen zu müssen (anwalt-verbraucherschutz.de, 2021).

Neben dem Autokonzern hat auch die Bundesrepublik und die Politik einen Imageverlust zu verkraften. Vor allem in Amerika und der Schweiz war die Empörung in den Medien deutlich zu spüren (Lindner, Piller, Ankenbrand, Ritter, & Welter, 2017).

6 Literaturverzeichnis

anwalt-verbraucherschutz.de. (2021). Von https://anwalt-verbraucherschutz.de/leistungen/abgasskandal-rechtsanwalt?gclid=CjwKCAjw-sqKBhBjEiwAVaQ9a7wfLuXskywbOVHKpkFFCEnylztlzhv2DyeZokxifC371 bFmsCcQ0BoCF9AQAvD_BwE abgerufen am 28.09.2021

Bamberger, I., & Wrona, T. (2012). *Strategische Unternehmensführung: Strategien, Systeme, Prozesse* (2. Ausg.). München: Vahlen.

Behnam, M., Gilbert, D. U., & Kreikebaum, H. (2011). *Strategisches Management* (7., vollst. überarb. Ausg.). Stuttgart: Kohlhammer.

BWLWissen.net. (kein Datum). Von https://bwl-wissen.net/definition/stakeholder abgerufen am 28.09.2021

Haake, K., & Seiler, W. (2012). *Strategie-Workshop. in fünf Schritten zur erfolgreichen Unternehmensstrategie* (2., überarb. und aktual. Ausg.). Stuttgart: Schäffer-Poeschel.

Jerzy, N. (15. November 2020). *Capital: Wirtschaft ist Gesellschaft.* Von https://www.capital.de/wirtschaft-politik/das-sind-die-groessten-autobauer-der-welt-95024 abgerufen am 28.09.2021

Kaplan, R. S., & Norton, D. P. (2004). *Strategy Maps. Der Weg von immateriellen Werten zum materiellen Erfolg.* Stuttgart: Schäffer-Poeschel.

Kaplan, R., Horváth, P., & Norton, D. P. (2001). *Die strategiefokussierte Organisation: Führen mit der Balanced Scorecard.* Stuttgart: Schäffer-Poeschel.

Kotter, J. P. (2015). Die Kraft der zwei Systeme. *Harvard Business Manager*(Spezial), S. 80-93.

Lindner, R., Piller, T., Ankenbrand, H., Ritter, J., & Welter, P. (3. August 2017). Wie die Welt den Dieselskandal sieht. *Frankfurter Allgemeine.*

Müller-Stewens, G., & Lechner, C. (2011). *Strategisches Management. Wie strategische Initiativen zum Wandel führen* (4. überarbeitete Ausg.). Stuttgart: Schäffer-Poeschel.

NDR.de. (20. 11 2020). Von https://www.ndr.de/nachrichten/niedersachsen/braunschweig_harz_goettingen/Die-VW-Abgas-Affaere-eine-Chronologie,volkswagen892.html abgerufen am 28.09.2021

Raps, A. (2004). *Erfolgsfaktoren der Strategieimplementierung. Konzeption und Instrumente* (2., aktualisierte Ausg.). Wiesbaden: Dt. Univ.-Verl.

Reisinger, S., Gattringer, R., & Strehl, F. (2013). *Strategisches Management: Grundlagen für Studium und Praxis*. München: Pearson.

tagesschau.de. (25. Juni 2015). Von https://www.tagesschau.de/wirtschaft/vw-nutzfahrzeuge-107.html abgerufen am 28.09.2021

tagesschau.de. (9. Juni 2021). Von https://www.tagesschau.de/wirtschaft/unternehmen/vw-winterkorn-schadenersatz-101.html abgerufen am 28.09.2021

Venzin, M., Rasner, C., & Mahnke, V. (2010). *Der Strategieprozess: Praxishandbuch zur Umsetzung im Unternehmen:* (2., erw. Ausg.). Frankfurt am Main [u.a.]: Campus Verl.

volkswagen-group-essentials. (2021). Von https://www.volkswagenag.com/de/group/volkswagen-group-essentials.html# abgerufen am 28.09.2021

Welge, M. K., & Al-Laham, A. (2012). *Strategisches Management: Grundlagen - Prozess - Implementierung*. [S.l.]: Gabler.

7 Abbildungs- und Tabellenverzeichnis

7.1 Tabellenverzeichnis